Las computadoras

por Maryellen Gregoire

Tabla de contenidos

Consultora:
Adria F. Klein, Ph.D.
California State University, San Bernardino

capstone classroom
Heinemann Raintree • Red Brick Learning
division of Capstone

Usamos las computadoras

Hay computadoras en todas partes.
Las personas usan computadoras todos los días.
Leen y también hacen su trabajo en las computadoras.

Las personas usan las computadoras para encontrar información.

Nos comunicamos

Las computadoras están conectadas unas con otras a través del Internet.

Las personas se comunican usando sus computadoras. Lo hacen a través del correo electrónico, los mensajes de texto y las redes sociales.

Puedes enviar una carta de una computadora a otra.

Se puede usar una computadora para comprar cosas. También hay páginas web que ayudan a las personas a vender sus cosas.

Trabajamos

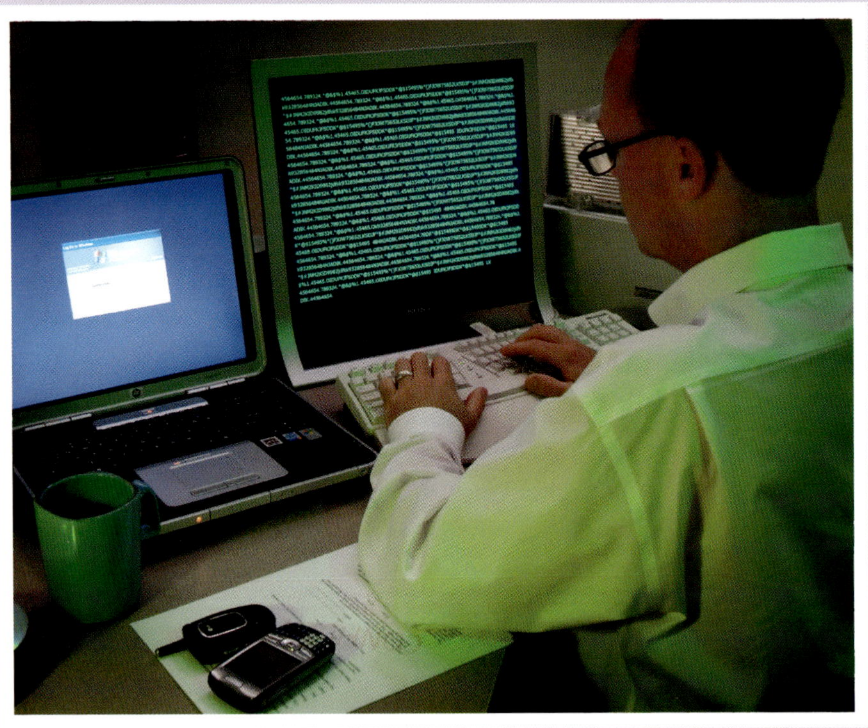

Muchas personas usan computadoras para hacer su trabajo.

Los médicos usan computadoras para tomar notas sobre sus pacientes.

Los artistas usan computadoras para dibujar. Esta artista está dibujando una tira cómica.

Los estudiantes usan computadoras para aprender acerca de un tema. Después escriben informes para entregar a sus maestros.

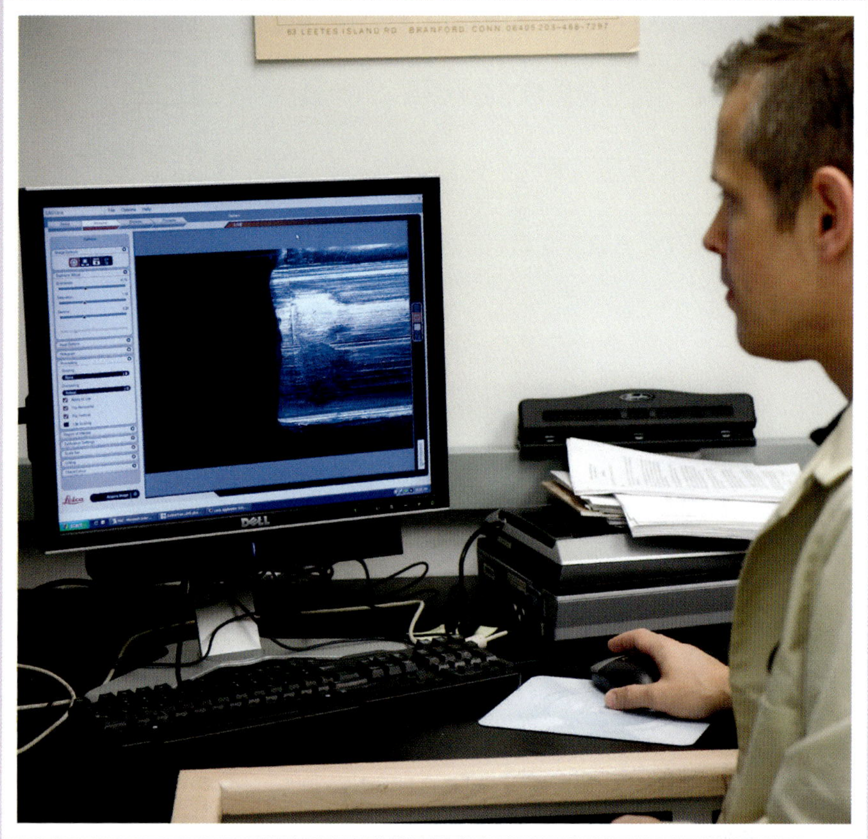

Los científicos usan computadoras para investigar delitos. Este científico compara una bala con una pistola.

La policía usa computadoras para descubrir datos sobre los delincuentes.

Nos divertimos

Muchas cosas que usas a diario tienen una computadora dentro. Las computadoras te ayudan a mantenerte en contacto con tus amigos.

Puedes leer un libro o mirar películas en una computadora.

Las computadoras pueden darte mucha información, ¡pero también sirven para divertirse!